快乐育儿宝典

表扬批评都有道
传递父母的爱

儿童生活辅导顾问、医师

明桥大二 著

太田知子 ✽绘
大桥佳代子 ✽译

人民东方出版传媒
东方出版社

图书在版编目(CIP)数据

表扬批评都有道 /（日）明桥大二著；大桥佳代子译.—北京：东方
出版社，2014.9
ISBN 978-7-5060-7773-6

Ⅰ.①表… Ⅱ.①明… ②大… Ⅲ.①家庭教育 Ⅳ.①G78

中国版本图书馆CIP数据核字(2014)第219768号

KOSODATE HAPPY ADVICE DAISUKI! GA TSUTAWARU HOMEKATA SHIKARIKATA
by DAIJI AKEHASHI
Copyright © DAIJI AKEHASHI 2011
All rights reserved
Simplified Chinese translation copyright © Ichimannendo Publishing.2010
With BEIJING HANHE CULTURE COMMUNICATIONS CO.,LTD.
Published by Oriental Press.2014
First original Japanese edition published by Ichimannendo Publishing Co.,Ltd. 2010,
Simplified Chinese translation rights arranged with Ichimannendo Publishing Co.,Ltd.
through BEIJING HANHE CULTURE COMMUNICATION CO.,LTD.

本书中文简体字版权由北京汉和文化传播有限公司代理
中文简体字版专有权属东方出版社
著作权合同登记号 图字：01-2014-5597号

表扬批评都有道
（BIAOYANG PIPING DOU YOUDAO）

作　　者：［日］明桥大二
插　　图：［日］太田知子
译　　者：［日］大桥佳代子
责任编辑：姬　利　赵海静
策　　划：吴常春
出　　版：东方出版社
发　　行：人民东方出版传媒有限公司
地　　址：北京市东城区朝阳门内大街166号
邮政编码：100706
印　　刷：北京京都六环印刷厂
版　　次：2014年11月第1版
印　　次：2014年11月第1次印刷
印　　数：1—6000册
开　　本：880毫米×1230毫米　1/32
印　　张：7
字　　数：200千字
书　　号：ISBN 978-7-5060-7773-6
定　　价：32.00元
发行电话：（010）64258117　64258115　64258112

前 言

在我举办的讲演会上，常常有很多听众来问这些问题：

"怎样去批评不听话的孩子？"

"什么样的批评方法对孩子最有效？"

看来，对于怎样批评孩子，大家都感到很苦恼。

但是，这里有一个非常重要的问题，就是"在学习批评孩子的方法之前，要先学习表扬孩子的方法"。

1

事实上，只要我们掌握了好的表扬方法，批评孩子的次数也就会随之减少。

　　前几天有一位母亲对我说："孩子会自己刷牙了，我表扬他刷得真好。第二天孩子就自己主动去刷牙了。看到孩子变得那么听话，我感到很吃惊。以前我一直在批评孩子，所以孩子也很不开心，结果什么都不去做。而孩子越不听话，我的批评就越多。"

　　掌握了表扬的方法，我们也就会逐渐懂得批评的方法。这样的话，教养孩子也许会变得轻松一些。

　　"表扬"不是在评价孩子，而是将你看到孩子的努力和成长而感受到的喜悦传达给他。

"批评"也不是对孩子生气，而是在一点一点地教孩子懂得珍惜自己以及他人。

表扬与批评的方法不只限于教养孩子方面。夫妇之间以及在学校和公司里与他人相处时，如何恰到好处地表扬或提醒对方，在现在这个时代显得尤其重要。

我衷心希望这本书能够成为一个小小的开端，使大家有机会对表扬与批评的方法重新进行思考，如果能因此使整个社会中的人们，无论是大人还是孩子都感到"生活在这个世界上真好"，我将无比荣幸。

明桥大二

快乐育儿宝典

表扬批评都有道

1 教养出一个幸福的孩子最重要的事

> 即使没有金钱、学历，有了"自我肯定"就会感到幸福
>
> …………2

2 父母送给孩子的最佳礼物

> 我的优点、缺点，爸爸妈妈全都能接受，他们爱我的全部
>
> 只要能使孩子明白这一点，他就会变得耀眼而出色
>
> ………8

3 需要父母费心的孩子是好孩子…………20

4 培养孩子努力加油的根基——"自我肯
定"的八个方法………………26

①肌肤接触
②做饭，一起进餐
③一起玩
④哭了，就抱起来哄
⑤理解孩子的心情，用语言来表达
⑥倾听孩子的话
⑦念书给孩子听
⑧全面表扬孩子

5 孩子有很多优点值得赞扬，只待你寻找
去发现孩子已经拥有的优点，去发现孩子正在
付出的努力………34

6 表扬的方法①

表扬孩子做到的十分之一，孩子就会越来越

充满活力 ……………………38

7 表扬的方法②

孩子不想做的时候，不去强迫；

做了后就马上表扬

…………46

8 表扬的方法③

从"为什么连这么一点事都做不到？"

到"哇，这不是做到了嘛！"

魔法就在这儿……………………………50

9 表扬的方法④

不要去比较别人的孩子，而是多留意自己孩

子的哪怕一点点进步

……………………………56

10 　表扬的方法⑤

对于这种类型的孩子，有时需要表扬

他的失败 …………·64

11 　表扬的方法⑥

"谢谢！"是最好的表扬

……………………70

★ 　用金钱和物质来表扬孩子，这种方式要慎重

………74

12 　"不打不成才"的陷阱

……………78

表扬比批评更有效的理由

①表扬可以培养孩子心灵成长中最重要的自我肯定感

②通过表扬可以建立亲子之间的信赖关系

③表扬比批评更能让孩子养成好习惯

④过多的批评会让孩子隐藏失败，学会撒谎

⑤当害怕被批评的恐惧心理消失后，孩子就变得不守规矩了

13 这种事真的应该批评吗？

·············86

①孩子还不到能够明白事理的年龄
②孩子惹的祸对父母来说也许是很头痛的事，
但是还没有给他人造成困扰

14 要想培养出一个好孩子，父母首先要以身

作则 ·········100

15 批评的方法①

批评孩子的时候，要让孩子安静下来，
看着他的眼睛，用简短的语言对他说

··················104

16 批评的方法②

能把父母的爱传达给孩子的三个重要事项

······························108

①不是批评孩子的人格而是批评孩子的行为
②好好地说明批评他的理由
③与其说"不能做……"，不如说"要这样做
……"

17 批评的方法③

加上这句话，孩子容易接

受批评………118

18 批评的方法④

用"我"做主语，而不是用"你"

……………120

19 批评的方法⑤

孩子不管被批评多少次，也还是会犯

相同错误的 ………………124

★ 不批评，也可以阻止孩子的不良行为

………128

20 当实在忍不住要发火的时候

………………130

回答来自读者的问题

Q1 孩子不听话是不是因为我不够严厉？
··················140

Q2 怎样才可以让孩子学会自己收拾东西？
··················145

Q3 孩子总是不能入睡 ··········152

Q4 孩子被小朋友欺负了 ·················157

Q5 是不是应该更严厉地对待很粗野的孩子 …………163

Q6 孩子开始撒谎 …………………168

Q7 一点小事就马上哭 …………………174

后记

从否定的恶性循环，走向肯定的接力传递 …………179

教养出一个幸福的孩子最重要的事

即使没有金钱、学历，

有了"自我肯定"就会感到幸福

　　人活着最重要的是"自我肯定"（自我评价）。

　　"自我肯定"是指拥有"自己是非常重要的人""自己有存在的价值""自己是被大家需要的人"这种心态。

　　即使功课再好，再有钱，在再好的公司上班，如果自我肯定感很弱，人生就会很痛苦。

　　即使没有金钱，没有学历，但自我肯定感很强的话，就会感到非常幸福。

　　所有的孩子、大人、老人所追求的，都是这个"自我肯定"。

　　各种统计表明，这个比什么都重要的自我肯定感，在当今的日本孩子中却非常缺乏。

Q. 你认为自己是个没用的人吗？

A. 是的

（日本青少年研究所 2009 年 2 月发表数据）

对于"你认为自己是个没用的人吗？"这个问题，回答"是"的中国中学生占全体的 11.1%，美国为 14.2%，而日本为 56%。

当然，这当中有国民性以及文化差异等种种因素，但仍然可以看出日本孩子的自我肯定感实在太弱，问题很严重。

一个不认为自己是被大家、被社会所需要的孩子，又怎么可能主动去学习，去遵守社会的规则呢？

一个连自己都认为"没有生存价值"的人，又怎么可能积极、主动地生活下去呢？

认为"自己是非常重要的人"，自我肯定感强的孩子会积极主动地活下去。

认为"自己是没有存在价值的人"，自我肯定感弱的孩子，人生会非常痛苦。

所以，自我肯定感是一切的基础。

然而，虽然自我肯定感这么重要，大多数人对此却都还缺乏了解。

前几天，在一个讲演会后，有人问我这样一个问题："现在的孩子之所以会出现各种各样的问题，不如说是因为周围的大人过分爱护，把孩子宠上天。爸爸妈妈、爷爷奶奶们都去娇惯孩子，所以孩子才变得这么任性吧？"

很多人都认为是因为孩子被过多地宠爱，才变得任性而傲慢。

但是，如果大家真的都在宠爱娇惯孩子的话，就很难解释在刚才提到的调查结果里，为什么会有那么多的孩子认为"自己是没用的人"这一现状。

事实上，在现今的日本社会里确实存在着导致孩子自我肯定感低下的因素。如何改善这种状况，提高孩子的自我肯定感，这才是现在的教育以及教养孩子的最大课题。

因此，对本书的主题"表扬与批评的方法"而言，最重要的是提高孩子们的自我肯定感。

尽管你认为自己是为孩子好才批评他的，但是如果你的批评只会削弱孩子的自我肯定感，就不应该再继续下去。而同时，我认为一定也有可以提高孩子的自我肯定感的批评方法。

我认为，掌握好的表扬和批评的方法，可以培养孩子们的自我肯定感和健康的心灵，进而可以预防虐待，甚至能够解决当今社会上的成人自杀，以及空巢老人的问题。

2

我的优点、缺点，爸爸妈妈全都能接受，他们爱我的全部

只要能使孩子明白这一点，他就会
变得耀眼而出色

听说最近年轻女性心目中理想的男性是"可以完全接受自己的人"，也就是能够理解自己的心情，接受自己的优点、缺点，非常爱自己的人。我认为有这样想法的人，其实不只是年轻的女性，每个人不都是这样吗？

像"自己的心情能够得到理解（能够得到认同）""自己的优点、缺点全都被对方接受而且被对方所爱"，这样的心态正是"自我肯定感"。这样说，大家可能就会明白，对于孩子的幸福而言，自我肯定感是多么的重要。

🍀共同分享喜悦和悲伤

使孩子感觉到父母能够理解自己，就是所谓的"共鸣"。悲伤的时候一起悲伤，喜悦的时候一起喜悦。这种时候，孩子们就会觉得自己的心情得到了理解，知道自己被爱着而感到幸福。

我的妈妈，真的好懂我。

"共鸣"是培养自我肯定最有效的因素之一。

孩子在因失败而沮丧的时候，有时也许需要你这样责备："不要因为这么一点小事就沮丧！"但是更多的时候，他更希望你对他说："一定很难受吧！""受到的打击不小吧！"只要难受的心情得到理解，孩子就会感到安慰，就可以重新站起来。

当孩子因为努力而成功时，父母也要一起表达喜悦，"做得太好了！""太了不起了！"那么孩子就会更开心，就会想"好的，我一定要再加油！"从而获得要更加积极努力的动力。

"孩子是在表扬中成长的。"这句话听起来像是要说：表扬孩子是促使孩子成长的一种手段。但这句话更重要的内涵其实是和孩子的心情产生共鸣。

在共同分享喜悦和悲伤的过程中，孩子会感到自己非常受父母的重视，从而产生积极努力地生活下去的动力。

○ 共同分享喜悦和悲伤

♣ 无论优点还是缺点，都被父母所爱

"自己的优点和缺点，爸爸妈妈都会接受，他们爱我的全部！"这种想法会让孩子有安全感，而且会增加孩子的自信。为什么这么说呢？我们可以通过相反的例子来理解。

如果家里的人只接受自己的优点，而拒绝接受缺点。做了好事就加分，能够得到家人的认同，被允许留在家里；相反，做了坏事就会被减分，如果减分太多，就会受到排斥而被赶出家门。

这种情况在公司里是有的，但是很难想象一个家庭里会有这样的情形。因为所谓家人，就是不管家庭成员做了好事还是坏事，都可以互相接受，并且互相帮助的人们。

但是现在，有很多孩子并不认为"自己的优点和缺点爸爸妈妈都会接受，自己的全部都被父母所爱"。被父母批评这种事，在孩子心里无异于负面分数的增加，他们担心有一天会被赶出家门。

14

○ 即使孩子做了不好的事，也站在孩子这一边

也许有人会说："连这种差劲的行为也可以被接受的话，孩子进入社会以后是会碰钉子的。社会上的事是不会这么简单的。"

15

● 即使失败了，也有人接受我

但是，想想自己的情况就会理解了，例如，在公司里上司对自己说："如果再这样下去，你就滚吧！"而当你非常沮丧地回到家时，家里的人都在等待你的归来，而且，当他们听说了你在公司里的遭遇后，对你的态度也没有任何改变。那么你的心里一定会想："我这样的人也能被家人接受"。而如果你在家

里得到了安慰，就会想"明天再努力加油吧"！

孩子也同样如此。

🍀 比起对自我能力的自信，更重要的是对自我存在的自信

常常听到父母说："怎么才能让孩子有自信？""我家的孩子没有自信……"

的确，有自信是非常重要的，但是所谓的自信其实有两个发展阶段，这一点却很少有人知道。

第一阶段是对于自我存在的自信。也就是说，我的存在是有价值的，自己不是一个没有用的人。这也就是本书前面讲过的自我肯定感。那么，自我肯定是怎样建立起来的呢？对于孩子来说，当他们看到父母以及周围的人因为自己的存在而高兴时，自我肯定感就会慢慢被培养起来。

第二阶段是对于自我能力的自信。例如功课很好，运动方面也很不错，还会帮忙做事等，诸如此类对自己拥有的能力而产生的自信。这种自信是孩子从周围的人的赞许和表扬中获得的。

一般谈到自信，人们都会想到对自我能力的自信。而支撑人活下去的，真正重要的其实是对自我存在的自信。

对能力的自信可以通过努力而得到，相反也会因为各种

因素而失去。比如在学习上失败了，在运动会上输了……

在这种时候，是暗下决心"我才不会罢休！"然后重振旗鼓，还是灰心丧气地想"反正我是个没用的人"，而干脆放弃，这都是取决于对自我存在的自信，即自我肯定感。

自我肯定感强的孩子，不会因为一次失败就全面否定自己的存在价值。他一定会想虽然这次不行，但还有别的机会；虽然这方面不行，但别的方面说不定会做得更好。

自我肯定感弱的孩子，会仅仅因为一次失败，而认为自己什么都做不好，没有存在的价值。

在培养孩子养成良好习惯和遵守规矩的时候也一样。当做了坏事而受到指责的时候，自我肯定感强的孩子会想"批评是为了自己好"，但是自我肯定感弱的孩子会认为"自己果然是专门惹人生气的、没用的人"，破罐子破摔，不能诚恳地接受批评。

自信是有两个阶段的

所以，无论在培养孩子的学习能力、运动能力的时候，还是在教孩子养成良好习惯、遵守礼仪规矩的时候，最根本的基础都是培养孩子的自我肯定感，也就是对自我存在产生的自信。

19

需要父母费心的孩子是好孩子

○ 接受负面情绪

那么，"自我肯定感是怎么培养出来的呢？"这里有一个非常重要的因素。

表扬固然是很重要的，但是孩子的自我肯定感不仅仅是因为表扬才产生的。很大程度上是在父母包容孩子生气、哭泣、吵闹、任性这些负面情绪的时候培养出来的。

21

不仅仅是在撒娇时，就连自己宣泄负面情绪也被父母所接受时，孩子就会想"我这么不乖，也可以被接受"，而感到非常安心。

当然，有时孩子也会因为不乖而受到批评。但是他们并不会因为发脾气、啼哭而被父母赶出家门，或者不给饭吃。孩子会意识到即使是不乖的时候也可以待在家里，有饭吃，这种情况会让孩子感到不乖的自己也是可以被接受的。

但是，不表现负面情绪的孩子，也就是"不让大人费心的好孩子"会以为自己是乖孩子的时候就有存在的价值，但当自己不乖的时候（发脾气、啼哭、任性、抱怨）也许就会被父母抛弃，他们这种不安的心情会非常强烈。对于父母来说，可能会想"我怎么会那么做呢"，但是孩子却会因为没有经历过自己的负面情绪被接受的情况，所以一直没法完全放下心来。

23

也就是说，乖孩子对自己的存在本身的自信，其实并没有培养出来。

那么"怎样才能培养出自我肯定感呢？"这里就有一个重要的方法。

明明是小孩子，却表现得太乖巧，一点都不让大人费心，看到这样的孩子，就要考虑他是不是在忍耐？是不是在勉强自己？这种时候大人应该主动去关心问候：

"你总是这么乖，是不是在压抑自己呢？"

"你是不是有什么想说的话呢？"

如果大人这样问，孩子会想"那，我可以讲出来吧"，于是就会讲出来一点。听完孩子的话，大人应该说："是吗？原来是这样想的，以前都没有注意到，真对不起，以后什么都可以讲出来哦。"有的孩子只有这样才能够敞开心扉，说出自己的心里话来。

　　反之，爱发脾气、爱啼哭、任性、抱怨的孩子，对于父母来说可能很棘手，但其实，在每天接受孩子的这些负面情绪的过程当中，你正在切实培养着孩子的自我肯定感。

　　有很多家长担心"如果接受孩子的任性，孩子不会得寸进尺吗？""如果体谅孩子难受的心情，孩子会不会变得更加爱哭？"

　　其实这种担心完全没必要！

　　也许在一段时间里，父母会非常辛苦，但是像这样能够充分表达自己的情绪，并被父母接受的孩子，渐渐地就能学会掌控自己的情绪，从而真正成长为心灵坚强的孩子。

负面情绪被父母接受的孩子能培养出自我肯定感，
渐渐地学会掌控自己的情绪。

4

培养孩子努力加油的根基——"自我肯定"的八个方法

那么具体来说，使用哪些方法可以培养出自我肯定感呢？

其实，自我肯定感几乎都是在我们教养孩子的日常生活中，通过很多的自然行为培养出来的。可以分为以下八个重点。

1 肌肤接触

抱孩子，紧紧地拥抱，握着孩子的手，

抚摸头，亲吻孩子，一起洗澡。

2 做饭，一起进餐

3 一起玩

4 哭了，就抱起来哄

5 理解孩子的心情，用语言来表达

6 倾听孩子的话

7 念书给孩子听

8 全面表扬孩子

"好爱你哦！"

"和你在一起真开心！"

"不管遇到什么事，妈妈都是支持你的！"

"果然我们家的孩子最棒！"

"你真是好孩子！"

"不管怎样，妈妈都相信你！"

"真感谢你生下来做妈妈的孩子！"

　　以上这些全面表扬孩子的话，能培养出比"能力的自信"更重要的"存在的自信"。

　　一直听着这些表扬的话长大的孩子，会感到自己的存在受到了全面的肯定。

　　不要仅仅做出有附带条件的表扬，例如："这样妈妈才喜欢""因为……而了不起"，即使没有什么理由，也要时时对孩子加以肯定和赞扬，我认为这也是必要的。

当然，并不是说我们必须要执行刚才讲的一切内容，才能培养出孩子的"自我肯定感"，而是从力所能及的地方开始做就可以了。

在上述培养自我肯定感的方法中，其实很多都是父母和孩子在日常生活中每天都在做的事情。

可能有人会问：这些日常小事真的可以培养出自我肯定感吗？其实，我们每天在做的事，对于培养孩子的自我肯定感是非常重要的。

所以，从这个意义上来说，即使你不会表扬孩子，甚至动不动就发火也没有关系，只要你在为孩子做饭，照顾孩子，这一切孩子都是可以领会到的。

明桥医生的一句安心话

　　常常忍不住发火，是因为你在
认真努力地养育孩子呢。

5.

孩子有很多优点值得赞扬，只待你寻找

去发现孩子已经拥有的优点，
去发现孩子正在付出的努力

再回到原题，在培养孩子的自我肯定上，表扬是非常重要的方法。

但是只要我这样一说，马上就会有父母提出反对意见。

我当然想表扬孩子，但是，我家的孩子没有值得表扬的地方啊！

你看，你看，又这样了！

和周围的孩子相比，我家的孩子发育很慢，我好着急！

哎，都已经3岁了……

35

　　当然，心烦是可以理解的。

　　但是，乍一看没有什么地方值得表扬的孩子，换个角度来看，却可以意外地看到很多优点。

　　重点是，不要因为"做了好事才表扬""等他努力后才表扬"，而是去发现孩子已经拥有的优点和他正在付出的努力。

　　下面就介绍几个方法。

表扬的方法①

表扬孩子做到的十分之一，孩子就会越来越充满活力

当满分为 10 分，孩子只做到 1 分的时候，我们一般会说："为什么只做到 1 分？""为什么不能做好剩下的 9 分呢？"也就是说，在我们的话里面，没有表扬那个 1 分的部分。

但是，好好想一想，10 分里面，孩子并不是得到 0 分，而是做到了 1 分啊。

即使孩子做到了 2 分，我们也会说："为什么不能做到剩下的 8 分？"而做到 3 分，我们还是会说："为什么剩下的 7 分做不到？"

不知道为什么，我们总是习惯用否定的语言。

这就是为什么有那么多的孩子并不是什么也没做到，却觉得"自己反正都是没用的人"，而不愿去努力的原因之一。但其实孩子并不是什么也做不到的。

比如，孩子考试得了 60 分，父母首先注意到的是错的地方，画叉的地方，然后说："为什么这里会错？""连这一点都不会做，真笨！"结果孩子们听到的全是指责和否定的话。

但是，孩子已经拿到 60 分了，既然我们要批评不会做的百分之四十，那也应该表扬做得好的百分之六十，这样才可以说是公正的评价。

进一步地说，对于没有自信的孩子，自我肯定感弱的孩子，更不应该计较没有做到的百分之四十，而应好好地表扬做到的百分之六十。表扬孩子："这里做得真好！""连这个也会做了哦！"这样的话，孩子会很开心地想，"只要我努力也可以做到"，接下来就会努力，结果不会做的百分之四十也会做了。

我来介绍一篇把这个内容表达得很好的作文。

开心的一天

今天老师发给我们数学考卷。我心里很不开心，因为我的数学不太好，在做进位法的时候，老是出错。

最后我只得了 60 分。在回家的路上，我想着：

"一定会被妈妈骂！"

"爸爸也一定会生气。"

脚步好沉重。

我走到厨房里，小心翼翼地把考试卷交给妈妈看。

妈妈很温柔地摸着我的头说："第二题的进位法会做了耶！太郎，你只要努力做就可以做到的哦！"爸爸也说我是努力的太郎！我好开心，马上拿出数学作业开始在厨房的桌子上做起来了。

42

43

○找出已做到的地方，表示感谢的话……

不说房间很脏

对于稍显笨拙的方面，闭眼不看

为我烫衣服了！

有时菜做得咸了一点

和孩子一起玩啊，一直是你在照顾孩子，辛苦了！

没什么

帮我大忙了！

哎……

每天做饭，真的很感谢！很辛苦的，休息一下吧！

为了老公，我要好好努力！

每天做好吃的！

45

7

表扬的方法②

孩子不想做的时候，
不去强迫；
做了后就马上表扬

　　在表扬孩子时，有一个重要的方法。那就是：如果孩子有时做，有时不做，那么当孩子做的时候就一定要表扬他。

　　比如，在收拾东西方面，孩子有时做，有时不做（可能不做的时候居多），也就是说，孩子的行动是有起伏性的。我们一般会在不做的时候批评孩子："怎么又不收拾！"然后在孩子做的时候却认为是理所当然的，什么也不说。这样的话，孩子虽然行动上有起伏，但却总是在挨批评。

　　我们需要做的恰恰相反。也就是，不做的时候什么也不说，做了的时候（哪怕只是小小的一点事）马上予以表扬。

　　"今天收拾过了哦，太了不起了！"

　　"今天把饭碗拿到洗碗池来了，谢谢哦！"

✗ 不做的时候只会批评

这种方法也可以用在孩子改正了不好的行为的时候。比如总是欺负妹妹的哥哥，今天没有欺负妹妹，这种时候就对他说："今天和妹妹很要好哦。""和妹妹一起玩，谢谢哦！"这样孩子养成好习惯的可能性会大得多。

48

49

8

从"为什么连这么一点事都做不到？"到"哇，这不是做到了嘛！"魔法就在这儿

我们一般会不知不觉地对自己的孩子有所期待，例如"希望他变成这样""希望他可以做到那样"，等等。

孩子也是在按照父母的期待努力成长。但是如果父母的期待和孩子的现状有太大的差异，就会让父母和孩子都很辛苦。

因为孩子不能达到期待值以及与期待背道而驰的情况都会有很多，父母就会忍不住常说："为什么连这一点都不会？""你怎么干什么都不行呢！"

如果你已经感觉到自己对孩子否定的语言变得多起来了，孩子似乎不像以前那么自信，那么，我们就干脆把期待值降低来试试看吧。

不要以"做得好是理所当然"的目光来看待孩子，而是以"不会做是理所当然"的目光来看孩子。

"他还是孩子，不会做是理所当然的。"

"虽然是哥哥，也才 3 岁嘛，不会做是可以理解的。"

如果我们认为不会做是理所当然的，那么孩子偶尔做了的时候，我们就会想："啊！这不是会做了吗？"因此，也就不会生气发火了。

把期望值降低

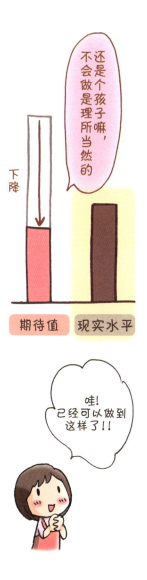

53

✗ 抱怨：会做是理所当然的

其实想一想，对父母来说情况也同样如此。

如果周围的人不是抱怨："为人父母，做到这些是理所当然的！""连这种事也不知道？"而是理解你："第一次做妈妈，不知道也是情有可原的嘛！"这样的话更能让我们安心，我们会更加努力地去做好。

我想孩子其实也一样！

54

9

表扬的方法④

不要去比较别人的孩子，而是多留意自己孩子的哪怕一点点进步

我们会不知不觉地把别人家的孩子拿来和自己家的孩子做比较："那个孩子那么乖，你怎么不跟人家学一学？"父母这样说，是希望"自己的孩子也像别人家的孩子一样乖"，但是在孩子耳朵里听起来却不是这样的。

有的孩子会想："想要那样的乖孩子，干脆把那个孩子抱养过来不就得了，又何必要我呢？我是不被父母需要的孩子……"这样可能反而会使孩子丧失了上进心。

每一个孩子在成长方面各有不同，而且还受各种其他因素的影响，所以我们不能只比较表面的现象，就说这个孩子好，那个孩子不好。

如果要比较的话，应该把孩子的现在和过去相比。

因为孩子是在一点一点成长的。一年前不会做的事今年就变得会做了；半年前不明白的事，现在就变得明白了。

这样比较的话，自然而然地就可以看到孩子的成长，以及孩子现在的努力。再把看到的这些变化告诉孩子，孩子就会更加努力，更好地成长。

和孩子的过去相比

以前光是要叫他起床都很辛苦……
呆～
哇～
哇～
不知从什么时候开始，他早上起来，不哭了耶！
拜拜！拜拜！
一年前，到了幼儿园，妈妈离开时都还是这样。
哇～
不要，
不要，
现在，高兴的时候都会帮妈妈的忙了。
谢谢！
妈妈，我来拿！
你最近经常帮妈妈的忙。也不爱哭了，不知不觉变得懂事了哦！
也没什么啦！

61

62

10.

对于这种类型的孩子，有时需要表扬他的失败

　　最近有一种孩子在不断增加，这种孩子非常敏感，善于观察大人的情绪，是"不让大人费心的好孩子"。这种孩子很懂事，自己的事都自己做，很多父母都想"真希望我们家的孩子也学一学这样的孩子"。相反的，这些好孩子的父母却在担心："这孩子这么不让人费心，真的没有问题吗？""没有叛逆期，真的可以吗？"

　　这种类型的孩子，一旦被公认为好孩子，就很不容易离开这个轨道了。即使大人劝导他"不用这么努力的""多撒撒娇也可以的""不用太顾虑别人"，孩子也不知道应该怎么做，最终还是回到乖孩子的模式里。但是，对于这种孩子不能再次加以表扬，因为，表扬又会让他更加努力地去做乖孩子，不能起到好的效果。

　　那么，怎么办才好呢？

　　我认为，对这样的孩子应该用"表扬失败"的方法。

因为这种孩子一心要做好孩子，不辜负父母的期待，所以做什么事都会付出120%、150%的努力。其实这是一件非常辛苦的事，孩子会非常累。

但是这样的孩子偶尔也会有失败的时候，也有不想努力的时候。在这种时候，父母要主动地去表扬他："你也有失败的时候哦，但是失败是很正常的，也很好啊。努力时的你当然好，像这样失败的时候也很不错啊。"

父母的这些话，会让一直认为要做好孩子，不能做失败的孩子的紧张心情松弛下来。

通过这样的表扬，孩子那种一直认为"如果不做好孩子爸妈就会不要我"的心理，就会逐渐变成"就算不是好孩子，我也可以待在这个家里"的想法。这就是自我肯定感。

这样下去，孩子渐渐有了自己的主见，一直不让父母费心的孩子开始让父母操心了。这对于父母来说可能是件很辛苦的事，但是如果孩子变得让人操心，对我们来说反而可以放心了。

如果孩子太乖，父母担心他是不是所谓的"过度适应"，也可以用这样的办法试一试。

11.

"谢谢！"
是最好的表扬

表扬的时候,最简单、最有效的语言是"谢谢"。

"谢谢"这个词,既是表示感谢的词语,同时也是对别人最好的称赞。

当别人对我们说"谢谢!"时,我们为什么这么高兴呢?这不仅是因为我们得到了别人的感谢,还是因为它让我们感到自己做的事对别人有帮助,自己的存在是有价值的,所以才会这么高兴。

在第一章里写到,对人来说最重要的就是自我肯定感,而"谢谢"就是能够直接培养这个自我肯定感的词汇。

对于青春期的孩子,如果表扬得不得法,孩子可能会不理不睬,有的孩子还会说:"那种理所当然的事才不需要被表扬呢!"但是这样的孩子也会有肯定能听得进去的称赞,那就是——"谢谢"!

仅仅因为一点小事也可以对孩子表达感谢之情,比如把左边的东西拿到了右边这样的小事,也可以对孩子说"谢谢",这样就会逐渐培养出孩子的自我肯定感。

通过"谢谢",孩子会觉得自己是一个对他人有用的人,自己是被别人需要的,这种想法就是心灵成长的根基,也是孩子努力学习、遵守社会规则的出发点。

先要让孩子感到自己是重要的人,孩子才能学会尊重他人。

○ 哪怕是一点小事也说『谢谢』

73

用金钱和物质来表扬孩子，这种方式要慎重

有父母问我："孩子如果做得好，就用金钱和物质来表扬，这种方法怎么样？"

就肯定孩子的努力这一点来说，这种做法确实有它好的一面。但令人担心的是，如果一直这样重复下去的话，就有可能把孩子培养成为了得到东西才去做。如果没有得到东西，就不会有任何行动。

我们真正要培养的孩子的是即使没有得到金钱和物质，也会在别人因为自己而开心和别人对自己说谢谢时感到无比喜悦，从而努力生活的孩子。

我认为，父母并不需要给孩子金钱和物质，只是非常高兴地对孩子说"谢谢！"就足够了。到小学高年级之前，这样已经足够让孩子努力地去做事，金钱和物质只在特别的时候给孩子就可以了。

但是到了青春期的时候，因为孩子交了朋友，会需要买一些东西，只是一句"谢谢！"可能就不够表达谢意，有时也需要给孩子一些东西作为奖赏，来传达父母的心意。

🌼 29 岁，女性，神奈川县

　　虽然这只是一件小小的事——最近每一次吃完饭或零食后，2 岁的儿子就会自己把碗盘拿到厨房。

　　因为我没有特别地教过他，所以很吃惊。而且儿子做完了以后还会摸摸自己的头。

　　我和先生看到后不由得笑起来，也马上摸着儿子的头说："好了不起！好棒哦！"

　　不擅长表扬也不擅长批评人的我，好像从孩子那里学到了很多。

🌼 33 岁，女性，北海道

　　2 岁的女儿把食物和饮料洒到了桌上，我忍不住跟她发火了。

　　后来我又想，不该为这点事就批评孩子，所以就向孩子道歉："你又不是故意洒在桌上，那也是没有办法的，妈妈还骂你，对不起哦！"

　　过了几天，我把饮料弄洒了，女儿就说："妈妈，洒了也没关系的，自己擦干净就好了，不用在意的。"

　　我开始反省，想以后就算女儿把东西弄洒了，我也不会再感情用事地发火了。

亲子间的温馨故事②

读者来信选登

🌸 41 岁，女性，千叶县

我家的女儿才 4 岁，却总是被粗心大意的我搞得很狼狈。

儿童电影会……迟到！

游泳……没有带游泳衣！

买东西……忘了带钱包！

每当这个时候，女儿都对我说："没关系，我一点都不急。"（面带微笑）

而平常我总是批评孩子说："要迟到了，快点！"

女儿让我每天都觉得很感动。

🌸 41 岁，女性，冲绳县

我小的时候从没有被严厉批评过，因此非常感谢总是像太阳一样温暖着我的父母。到现在我们全家的关系都非常好。

上个月，我回到了久别的老家。我对一个人在停车场走着的女儿大声地叫："那里危险！危险！好危险！"

我的父母微笑着对我说："对孩子说危险她也是不懂的，在危险的地方，只要牵着孩子的手就可以了。"说着，马上牵住孩子的手。我因此而开始反省。我为自己只是远远地站着，大声地叫"危险"来责备孩子而感到惭愧。并且再次深深感受到我正是被父母这样不辞劳苦地抚养长大的。不是用嘴，而是用行动……我非常感谢我的父母。

🌼 30 岁，女性，爱媛县

最近看到女儿用和我一样的口气在批评和表扬她的爸爸，令我哭笑不得。前几天女儿实在太不听话，虽然我知道不应该，但还是忍不住对女儿说："你真讨厌！"但女儿却抱着我说："我喜欢妈妈！"我马上消了火气，也反省自己说了不应该说的话。我可能是利用了母亲这个有权威的身份吧。以后再也不会感情用事地朝女儿发脾气了。

🌼 42 岁，女性，神奈川县

快 2 岁的小儿子正处于反抗期，为了顺利度过这段时间，我尽量平静温柔地对待孩子。有一天，刚满 4 岁的大儿子站在我的后面，突然说："妈妈，对我温柔一点吧。"我很震惊，因为大儿子很乖，我只忙着照顾小儿子，所以对大儿子总是采取批评和命令的态度。我一边说对不起，一边紧紧抱着大儿子，想着他一直在忍耐就情不自禁地流下眼泪。

"不打不成才"的陷阱

　　下面来谈谈"批评"。

　　讲了表扬的重要性，就一定会有人提出这样的意见来："表扬固然是重要的，但是教养孩子不是应该多批评些更好吗？"

　　确实，在遭到严厉批评后孩子会听话，这个方法见效快，但是我们也不能忽视它的弊害。

　　我们是为了什么表扬或者批评孩子呢？是希望自己的孩子"不做坏事，养成好的行为习惯"，从而有一个幸福的人生，也能成为一个给别人带来幸福的人。

　　但是，如果批评方法错误的话，就会损害孩子的自我肯定感，孩子会认为"自己是没用的人""自己没有活着的价值"，这样的话，也就不可能珍惜自己以及他人。

　　一点也不批评孩子当然也是有问题的，但实际上，由于过分地批评孩子而使孩子变得不幸的情况要多得多。

　　要培养幸福的孩子，表扬远比批评更有效。下面举几个例子来说明这一点。

①表扬可以培养孩子心灵成长中最重要的自我肯定感

孩子会因为受到表扬，而建立起心灵的根基——自我肯定。

80

②通过表扬可以建立亲子之间的信赖关系

有了信赖关系，即使被批评，孩子也会想"父母的批评是为了我好"。否则，如果孩子没有打开心窗，就不仅听不进父母的批评，而且还会认为"父母讨厌我"。

81

③表扬比批评更能让孩子养成好习惯

和大人一样，孩子被表扬后会更加努力。相反，总是被批评就会闹别扭、不听话，很难养成好习惯。妈妈也会因此变得更容易发火，从而造成恶性循环。

82

○受表扬更容易激发上进心

哦!

哇!自己在收拾

真是帮妈妈大忙了,果然是长大了!

嘿嘿嘿!

我还会做更好!

利手利脚

太了不起了,在收拾碗筷哦!还有爸爸的!

噢?!

一边带孩子还一边做家务,你真了不起!

呵呵呵

这是应该的!

妈妈被表扬也会更加油!

83

④过多的批评会让孩子隐藏失败，学会撒谎

如果批评太多，孩子就会在明白"应该怎样做"之前，先学会"怎样避免挨批评"，由此变得会隐藏自己的失败，学会撒谎。

⑤当害怕被批评的恐惧心理消失后，孩子就变得不守规矩了

"因为怕被批评而不做坏事"和学会遵守规矩是两回事。孩子长大后，变得没有恐惧心时，恐惧心理也就没有约束力了，他就会变得不能控制自己的行动。

13.

这种事真的应该
批评吗？

　　在学习批评孩子的方法之前，这里还有一个希望大家一起来思考的问题。那就是"这个行为真的应该被批评吗？"

　　在被我们批评的事当中，有一些是不应该批评的，有一些是即便批评也没有用的，或不用批评也可以的事。

　　大致可以分为两个方面：

　　①孩子还不到能够明白事理的年龄。

　　②对父母来说也许是很头痛的事，但是还没有给别人造成困扰。

①孩子还不到能够明白事理的年龄

1 岁之前

　　1 岁之前的孩子，即使自己能明白自己的心情，但还不可能明白别人的心情，也不可能充分理解周围的情况，所以，让这种年龄的孩子遵守大人制定的规矩是不可能的。

　　与其这样，不如大人把周围的环境安排好，避免让孩子遇到危险。

× 1岁之前的孩子不可能理解规矩

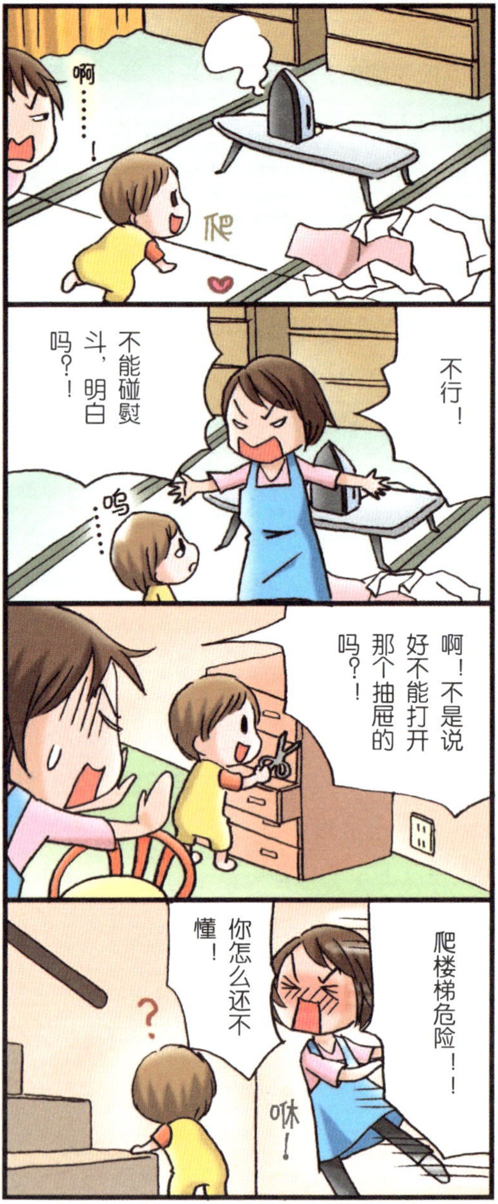

89

1岁到2岁

　　1岁到2岁的孩子渐渐明白了大人的话和指示，但是却不能按照要求去做。1岁半以后，什么事都开始说"不要""不"，这是孩子开始出现自我意识，心智成长的象征。

对这个年龄段的孩子来说，重要的不是批评而是说明情况。

比如，告诉孩子"这个很烫""危险，不要碰哦"等等。

91

满 2 岁以后，孩子不仅可以理解大人的话，也会表达自己的意思了。

虽然让孩子按照大人的话去做，以及按照大人的要求去行动还有困难，但是如果告诉孩子事情接下来会怎样发展的话，孩子就可以忍耐一点了。

2 岁的孩子还不会和别的孩子相处，会很任性，抢别的孩子的东西。要让他们遵守规矩还需要一段时间，但是必须告诉孩子不行的事就是不行。重要的是让孩子了解到事情接下来会怎样发展，比如告诉他"大家都是按顺序来，下一个才是你哦"。

○让孩子知道事情接下来会怎样发展

94

3 岁

满 3 岁以后，孩子终于渐渐地学会遵守规矩了。这时候重要的是父母要和孩子一起思考，并反复地告诉孩子什么是好的行为，什么是坏的行为，为什么不行。

②孩子惹的祸对父母来说也许是很头痛的事，但是还没有给他人造成困扰

我们常常会在这样的情况下对孩子生气：不听话，磨磨蹭蹭地不赶快做，不赶快吃，泼洒食物，损坏东西，弄翻东西，不收拾，不愿意换衣服，淘气，摸脏东西，不做功课等。

这些事确实让人头疼，但并不是性命攸关的大事。有时候是因为孩子的性格使然，是没有办法的事。淘气是成长中不可或缺的部分，也不一定都是坏事。

95

孩子本来就是以自我为中心，不断地失败，也不听话的。这才是正常的孩子。并不是因为父母教育不好才这样，而且孩子们的行为也是有他们的理由的。

　　所谓以自我为中心就是"珍重自己"，孩子在学会尊重他人之前，要先学会珍重自己。而这些行为，表现在孩子身上，看上去就是以自我为中心。但即使是失败，也可以从中得到学习的机会，所以从这个意义上说，孩子的失败也绝不是坏事。孩子不听话是由于自我意识开始萌芽，开始有了自己的主张，其实可以说是顺利成长的象征。

以自我为中心是珍重自己的表现

在失败中学习

不听话是因为开始有了自我意识

97

当然，如果批评就可以让孩子变好的话，父母也就不用费心了。而现实恰恰是，批评通常没有什么效果。而且事事都去批评孩子的话，大人也会很累。在这种时候，我们可以想："孩子就是这样的""现在不会，到时候一定会的"，批评一次然后就暂时放手不管。

所以，我们不得不大动肝火去批评孩子的情况只有两种：一是孩子的行为会伤害到孩子自己的时候，二是会伤害到别人的时候。

伤害自己是指孩子跑到马路上，或者在危险的地方玩等等。伤害别人是指孩子使用暴力、玩火等等。

除了这两种情况以外，我们只按照孩子的成长阶段以及父母本身的实际情况，一点一点地去教养孩子就可以了。

孩子的心理真难理解……

我不喜欢爸爸！

明桥医生的一句安心话

没有完美的父母。

孩子出生时，父母也等于是育儿学校一年级的学生，大家一起在失败中成长。

14.

要想培养出一个好孩子，
父母首先要以身作则

要阻止孩子做坏事，使他养成正确的行为习惯，最有效的方法是——父母以身作则。

如果希望孩子这样做，父母平常就应该在孩子面前把正确的行为方式做给孩子看。相反，如果不希望孩子做的事，父母也不要做。因为，只要是父母做的事，无论是好事还是坏事，孩子都会照葫芦画瓢地去模仿。对孩子影响最大的不是大人嘴上说的话，而是孩子眼睛看到的情况。

要想培养一个有礼貌的孩子，首先父母就应该很有礼貌。如果告诉孩子"不要打人"，但是父母却打孩子，那么，孩子就会认为"当对方不好的时候，是可以打他的"。

所以说：孩子是父母的镜子。

希望孩子做的事，父母首先要以身作则

102

教养孩子是在培养一个人，这是一件非常了不起的工作，这让我们充满自信和骄傲。

批评的方法①

批评孩子的时候，
要让孩子安静下来，
看着他的眼睛，
用简短的语言对他说

是很重要的事……

接下来谈谈批评孩子时的几个重点。

批评孩子的时候，首先需要让孩子清楚地知道你在批评他做的什么事。所以，要让孩子停下正在做的事，用和孩子的视线一样的高度，凝视着孩子的眼睛，冷静地用简短的语言来批评孩子。

比如，孩子正在吃饭，嘴里含着勺或叉子走来走去，还耍恶作剧，实在很危险。这种时候，首先重要的是让孩子停下来。孩子还在跑着、吵着的时候，父母离得远远地叫，孩子是听不到的。重要的是走到孩子的身边，抱着他，看着孩子的眼睛，然后告诉他。

如果感情用事地大声叫喊，孩子就不知道父母到底在批评什么，也不会知道自己应该怎么办。虽然受了批评很害怕，但是孩子并不知道自己什么地方做错了。

106

○ 让孩子停下来，看着他的眼睛，平静地说……

所以，要尽量用平静的声音（虽然这样说，但是也许很难平静……）简洁地说："危险，坐下来吃。"把自己的想法清楚地传达给孩子。

批评的方法②

能把父母的爱传达给孩子的三个重要事项

在批评孩子时，以下三点非常重要。

①不是批评孩子的人格而是批评孩子的行为。

②好好地说明批评他的理由。

③与其说"不能做……"，不如说"要这样做……"。

①不是批评孩子的人格而是批评孩子的行为

重要的是，批评针对的不是孩子，而是行为。因为人的存在本身并没有错，错的是人的行为。

110

要好好地向孩子解释，为什么不可以这么做。

虽然孩子只是孩子，但只要用他能明白的语言来解释，孩子就不仅能够听懂，而且如果他也很赞同的话，以后就可能会好好地和父母配合。

不要认为"孩子不懂事，说了也没用"，而是要把理由清楚地解释给孩子听。

人之所以制定规矩，其实出发点就是为对方着想。

不要只说："不要这样做！"而应该告诉他："这样做会给对方添麻烦，所以不可以。"父母应该像这样，以处处替他人着想为出发点，来培养孩子遵守规矩。

113

○ 好好地解释

明白吗?! 如果不刷牙, 虫牙菌就会一直住在牙齿上。

虫牙菌会一点一点地把奈央的牙齿溶化, 在上面打洞。

这样的话, 牙齿当然会疼。

那多讨厌呀!

还要去看医生, 把虫牙拔掉。

为了不变成这样, 妈妈把奈央的牙齿刷得亮亮的哦。

让妈妈来吧!

哪里, 哪里, 哇, 找到了虫牙菌!

放心吧, 现在妈妈就把虫牙菌赶出去!

114

③与其说"不能做……"，不如说"要这样做……"

　　我们常常会对孩子说"不行"，但是却没有告诉孩子"应该怎么做"。这样的话，孩子就不知道今后应该怎么做。所以，有时候**与其告诉孩子"不能做"，不如告诉孩子"希望他做什么"，这样会更有效**。

　　孩子到了4、5岁以后，在告诉孩子做事情的具体方法之前，和孩子一起思考，例如"怎样才不会忘记带东西呢"，这样可能会更好。因为自己想出来的答案，比听人说的答案更容易记住。

别弄得乱七八糟！

不要在走廊上跑！

啪嗒

啪嗒

收拾起来吧！

在走廊上要好好地走！

啪嗒

啪嗒

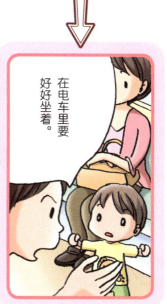

加上这句话，
孩子容易接受批评

在批评孩子的时候，不要仅仅停留在批评的语言上，一定要加上一句对孩子表示理解的话。这样的话，孩子才会想，"这个人是理解我的""这些话是为了我好才说的"，也就容易接受批评了。

换句话说，就是把"心情"和"行为"区别开来，向孩子表示"心情"是可以理解的，但是要提醒孩子"行为"是不对的。

用"我"做主语，
而不是用"你"

在告诉对方要这样做而不要那样做的时候，不是用"你……"，而是说"我……"，这样表达自己的心情，更能触动对方的心灵。

就是说，当对方做的是好事的时候，告诉对方：我很高兴！真帮了我的大忙！这下我就放心了！谢谢！

而对于对方的不好行为，则告诉他：我很伤心！很困扰！好担心！好遗憾！

有的孩子被父母批评说"你真是没用！"时就会感到非常生气，其实完全没有反省，但如果听到妈妈说："妈妈好伤心！"孩子就会一点点开始重新审视自己的行为，从而去努力改正。

123

孩子不管被批评多少次，也还是会犯相同错误的

　　我们都希望对孩子只批评一次就有效，批评太多次会非常的心烦。但是，孩子不管被说多少次，也还是会犯相同错误的。所以，我们只有反反复复地讲同样的话。这并不是父母批评孩子的方式不好，也不是孩子特别的不乖，而是因为孩子本来就是这样的。

　　大人一般会想，"说一次就明白了吧"（其实大人也不会因为受到一次批评，就可以彻底改变自己的行为）。

　　如果试图只批评一次就让孩子乖乖地听话，那么就需要给孩子的心灵带来很大的冲击才能做到。当然，对于真正危险的事情，哪怕让孩子受到一些惊吓，只要能够让他远离危险，那也是值得的。但是如果对日常生活中的小事，也想让他一次就听话，父母就会忍不住大声地责备，甚至动手打孩子。假如这样的情况常常发生，孩子就会变得看大人的脸色来行动，而不是自发地去遵守规矩，弄不好还会让孩子的心灵受到极大的伤害。

　　所以，即使磨破嘴皮，父母也要不停地对孩子反复说同样的话，只有这样，孩子才能一点点地成长，从而养成好的习惯。

× 只说一次就想让孩子听话

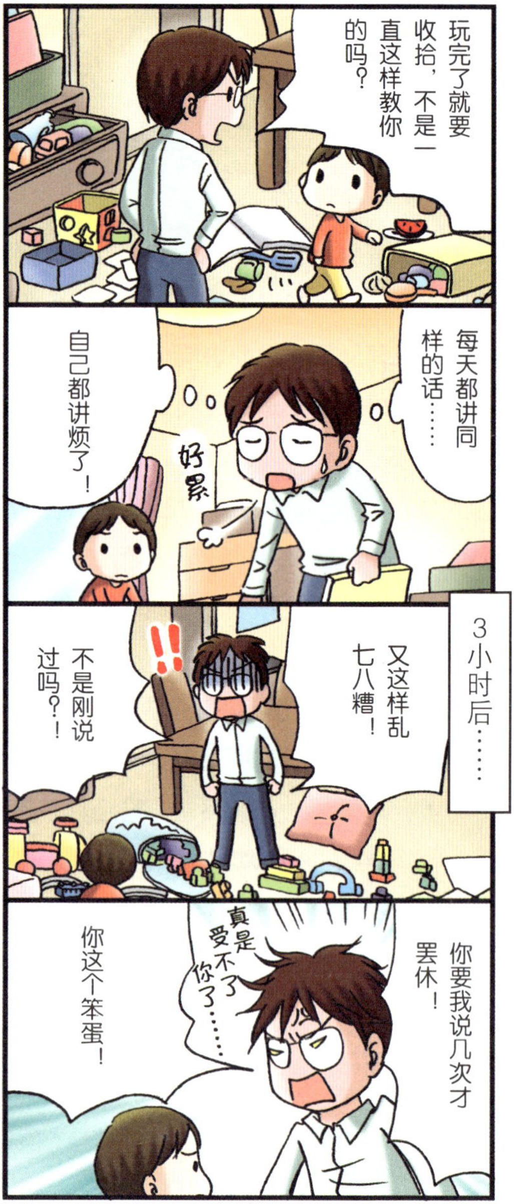

127

不批评，也可以阻止孩子的不良行为

　　孩子在做不该做的事的时候，如果一直去批评，我们大人也会觉得很累。如果不用批评也可以阻止孩子的不良行为，就可以省去许多精力了。

①转移目标

　　在小孩子碰不该碰的东西，或者摆弄不是玩具的物品时，我们除了用"不要碰！"这样的批评方法以外，也可以拿别的有趣的东西给孩子看，"你看，这个怎样？"以此来转移孩子的注意力。这样的话，即使不批评，也可以阻止孩子的不好行为。

②不理会不好的行为

　　孩子再大一点后，有时会因为希望大人关注自己而故意胡闹。这种时候如果批评孩子，孩子会更加放肆，大声吵闹，愈发陷入恶性循环，孩子哭，弄得大人也想跟着哭。

　　孩子在胡闹的时候，父母应该不去理会他，这样的话孩子就会感到无聊而停下来。孩子一停下来，父母马上就要表扬孩子说"不闹了哦，谢谢宝宝！"让孩子知道自己不胡闹的话，不仅大人会更关注自己，而且自己的心情也会很舒畅。

当实在忍不住要发火的时候

前面已经写了有关怎么表扬和批评孩子的方法，可是也常常有父母问我："道理是明白的，但还是不会表扬孩子，看着孩子就忍不住要发火，我也对自己感到非常失望沮丧，到底应该怎么办呢？"

我这样回答他们："'想发火'至少表明你在很努力地教养孩子。"

没有努力教养孩子的父母不会发火。正因为父母们每天都在非常努力地和孩子进行亲密接触，希望孩子这样那样，因此当孩子不听话时才会发火。

所以，从这种意义上来说，发火是可以容许的。

其实孩子也具有一定的灵活性和自我恢复能力，即便发了火，也不至于马上就变得不可挽回。过后可以告诉孩子"因为这样的理由，所以才那么生气的"，或者对他说"妈妈发火真的有点过分了，对不起"作为弥补。

● 如果实在忍不住发火责骂孩子，事后要把后悔的心情告诉孩子

我们大人也会有控制不了自己情绪的时候，同样，孩子当然也有不听话、哭闹的时候。明白这个道理后，不管是对孩子还是对自己，我们都会更宽宏大量。

听一些经常发火的父母的倾诉时，我发现这些父母一般都是很认真、很努力、一丝不苟的人。他们当中有的人会以为孩子的每一个不当举动都是因为自己教育得不好。这样的话，教养孩子就成了一件非常辛苦的差事。

孩子会变得如何，教养的方式当然很重要，但是比教养方式影响力更大的因素是孩子天生的性格。"明明同样的方法培养孩子，为什么兄弟之间有这么大的不同？"这就是源于与生俱来的差异。

孩子在生下来的时候，已经在某种程度上定了型。所以我们应该抱着该怎么样就怎么样的心态，用宽容的态度来接受一切。

"既然这样，那为什么还要写怎么教养孩子的书呢？！"我想一定有人会这样问。（笑）

这当然是因为教养方式确实也很重要，只是天生的因素更大。不过，天生的因素不一定都是不好的，也有很多好的地方。

所以，"教养孩子"应该从发现孩子已经具备的优点开始。要相信你的孩子一定有与生俱来的优点，你要去发现它，发挥它，教养就是从这里开始。

我们大人会不知不觉地想用父母的力量来改变孩子，但是改变孩子就意味着告诉他"现在的你是不行的"，这是否定的信息。

所以，如果一心想改变孩子，就好像一直在对孩子传达"现在的你不行、不行"这样的否定信息。但是我们大人并没有觉察到这一点。

当然，孩子身上确实有需要改变的地方，但是也一定有很多不用刻意改变、本来就很好的地方。

所以，当要对孩子发火的时候，就想"孩子现在已经足够好了"，让自己轻松一些。简单地说就是暂时"放弃"管教他。（笑）

"怎么可以放弃！"一定有人会这样想。但是，如果能想到"我已经尽力了。这孩子就是这样的，不管是谁来教养都一样"，然后再换个角度看看自己的孩子，就会意外地看到孩子拥有的优点和正在努力的部分。

孩子不会做这件事并不代表也不会做其他的事。现在不会做，随着成长就可能变得会做了。我们应该想"孩子现在还不会做"，耐心地等待一段时间。

等等妈妈！

明桥医生的一句安心话

父母每天都和孩子在一起，可能觉察不到孩子正茁壮地成长呢。你是个很不错的妈妈（爸爸）哦。

咕噜，咕噜……♪

孩子不听话是不是因为我不够严厉？

Q 我的孩子2岁，很不听话。是不是因为我不够严厉，孩子才变得这样任性呢？如果有让孩子听话的方法，请告诉我。

A 2岁这个年龄段正处于第一反抗期（第一自立期）的顶峰，很费心。有人说是"2岁小魔王"，在外国也被称为"麻烦的2岁"，很可怕。（笑）

所以，"不听话"并不是因为妈妈不够严厉，对于2岁的孩子来说，这是很正常的。

　　这个年龄的孩子，常常说"不要，不要""自己来，自己来"（虽然他根本不可能做到），开始有了自己的主张，不听父母的话。如果真的让他自己做，就会全部失败。于是妈妈忍不住一再地发火："所以告诉你不行吧！"

　　但是，从发育阶段来看，孩子开始有自己的主张，是孩子正在走向自立的象征。可以说正是因为妈妈的尽心教养，孩子的自立心才这样顺利地开始萌芽。因为父母和孩子之间的关系稳定，孩子才会安心地开始自立。

　　"孩子开始反抗，就可以暂时安心了"，父母应该这样想，把孩子培养到这个阶段了，真的很好，可以放心了。

　　如果把孩子的任性归咎于自己的教育不够严厉，而对孩子的反抗加以批评、压制，孩子表面上会变得很乖，但是自立心被剥夺，有时甚至会失去对生活的热情。

　　这一阶段可能会很辛苦，但是过了第一反抗期，孩子到了 3 岁半或 4 岁左右就会暂时进入安定期。因此直到进入安定期为止，我们不得不调适心态，顺应孩子的反抗期，与孩子保持同样的步调。孩子也会因为大人理解自己的情绪而变得放心，安定下来。

当然，我们也不能全部按照孩子的要求去做。尽管对方是 2 岁的孩子，不行的事也一定要告诉他不行。或者通过转移孩子的注意力，以及让孩子来选择"哪一个好"的方法，让他乖乖地听话。

如果孩子无论如何都无法按照大人的要求去做，那就暂时放弃。在此基础之上，再进行以身作则的尝试，比如说如果孩子边玩边吃，那么，大人首先做一个样子给孩子看，对他说"要这样做哦"。即使孩子好像没有在听，不过只要给他一个客观地观察自己行动的机会，有时也会因此而改掉坏习惯。

让孩子转移目标，或者让孩子来选择，有时会得到好的效果。

怎样才可以让孩子学会自己收拾东西?

Q　孩子把玩具摆得满地都是,却一点都不知道收拾。每一次我都会说:"快收拾起来!""如果不好好地收起来,就要扔掉了!"结果最后还是大人来收拾,怎么样才能让孩子养成收拾东西的好习惯呢?

A　在所有的好习惯里面,怎样让孩子养成自己收拾东西的习惯,是每位家长都烦恼的问题。养成这个习惯比较难,又费时间,我在这里写一下如何"让孩子收拾东西"的几个基本方法。

145

🍀 培养孩子"收拾干净好舒服"的感觉

孩子直到上小学低年级以前，基本还不知道收拾的必要性，也还没有将东西收拾干净后很舒服的感觉。所以即使大声地叫孩子"去收拾！"也不会有什么效果。因此要培养孩子"收拾干净很舒服"的感觉，一点一点地养成自己收拾的好习惯。

首先，第一步就是整理环境。

①减少常玩的玩具 🍀

首先从减少玩具开始。现在的家庭里玩具都太多，孩子总是要把玩具箱里的所有玩具都拿出来才罢休。所以要先好好地和孩子商量，把经常玩的玩具放在玩具箱里，不常玩的则收拾到纸箱里，放入壁橱。

对于培养这项习惯来说，减少玩具的数量很重要（但是玩耍是需要丰富多彩的，不要因为太在意收拾而过分限制玩具的数量）。

②准备一个孩子也可以收拾的玩具箱

第二步，为孩子准备一个简单易用的玩具箱。如果玩具箱里的格子分得太细，整理的难度就变大，所以准备那种可以进行简单分类的玩具箱、抽屉或柜子就可以了。

③规定可以放玩具的范围

你虽然明白"孩子就是乱扔东西的"这个道理，但还是忍不住会发火的话，那最好规定可以放玩具的范围。如果是在孩子自己的房间玩，那么就只准孩子把玩具放在自己的房间里，别的地方不准放。

④规定收拾的时间

　　要求孩子认真收拾整理，他一天恐怕最多只能做到一次。因此就跟他约定，每天在晚饭前收拾好。

⑤一起收拾

　　大人首先做给孩子看，比如布娃娃放这儿，画册放这儿，游戏机放那儿。

　　当孩子开始表现出兴趣时，就让孩子分担一点，告诉孩子"你来收拾布娃娃吧"。如果孩子做了，就对孩子说："谢谢！"

　　收拾完以后，和孩子一起看着房间，对他说"好干净哦！""这么干净，好舒服哦！"和孩子一起分享好心情。就这样在不断重复的同时，一点一点地增加孩子的分担范围。

🍀 最重要的是培养孩子的干劲。有时也需要放松

　　这一段时间的重点是与父母一起收拾，让孩子分担一部分。孩子做了，就说"谢谢"，培养孩子的干劲。

　　我们一般只会命令孩子"赶快收拾！"却没有教孩子怎样收拾。如果孩子没有收拾，妈妈就会一边大声地骂，一边自己开始收拾（这时孩子一般都在提心吊胆地看着）。我们常常看到两种极端情形——父母要么全然不参与收拾，要么就全部一个人收拾完了。

　　当然，大多数时候即使让孩子一起收拾，孩子也不肯开始行动，于是大人就变得心烦，想发火。**如果快要发火时，就应该想"今天不收拾也不会怎样"，改变想法，到第二天再说。**

　　有小孩子的家庭中，没有谁家房间总是可以归置得整整齐齐的。孩子每天都在成长，现在不会做的，可能明年就会做了。所以，让我们轻轻松松地，一点一点来吧。

孩子总是不能入睡

Q 想让孩子 9 点钟就去睡，但是孩子总不愿睡觉。爸爸回家，孩子就又来了精神，有时会超过 11 点钟……听说在黄金时段（10–12 点）没有入睡的话，成长荷尔蒙就会停止分泌，所以非常担心。

A 孩子小的时候，很快入睡的情况很少，为了让孩子早点睡，妈妈们都很辛苦。

孩子出生 3、4 个月过后，在睡眠中会产生大量的成长荷尔蒙，这是事实。所以说"爱睡觉的孩子长得好"这种说法是有科学根据的。

如果睡眠不足，早上起不来，会影响到食欲和学习。晚上一直被明亮的灯光照射着，褪黑激素（melatonin）的分泌就会减少，孩子容易早熟。不仅是成长荷尔蒙，从生活习惯以及神经递质的方面考虑，晚上好好睡觉，早上早起也是很重要的。

但是也要知道，我们不必被"这个时间还没睡就一定不行"这样的观念所控制，这并不是无论如何都要坚持的。

有的孩子即使睡眠时间很短也很有精神，有的则一定要睡很久才行。年龄不同，睡眠要求也不一样，而且在幼儿园睡了午觉的孩子和没有睡午觉的孩子睡眠需求又不同。所以睡眠时间应该按照每一个孩子的具体情况而定。一般的建议是：

　　每天早上充分地沐浴阳光；

　　起床的时间决定睡觉的时间，所以要早起；

　　白天多活动，晚上才容易入睡；

　　（白天晒太阳有助于晚上褪黑激素的分泌）

　　如果晚上会睡不着，午睡时就早一点叫醒孩子。

　　特别需要重视的是入睡前的仪式。让孩子换上睡衣，钻进被子，读漫画书，跟他讲讲话，慢慢地放松。然后再把房间的灯关掉，晚安！

　　我这样讲，有不少妈妈会说："这可需要一个小时呢！"但这是每天都要做的事，所以我觉得父母可以放松心情，也许在哄孩子睡觉的时候，妈妈也跟着一起睡着了……

155

孩子被小朋友欺负了

Q 我的孩子在幼儿园好像被小朋友欺负了，问他他也不说。而且我的孩子又是不会反击的性格，我很担心这样下去会不会被欺负得更厉害。我应该怎样跟孩子谈这件事？

A 孩子的世界在某种意义上是一种感情的互相碰撞。因为孩子不可能像大人一样可以控制自己的感情（即便大人其实也是很难控制感情的……），所以会为了争先后、抢东西等，很快吵起架来。

孩子们的世界就是这样的，也正因如此，孩子可以从中学会如何处理人际关系。吵完架过一会儿，小朋友们又可以在一起玩，这就是孩子们的世界里好的地方。所以，虽然父母觉得孩子是在"被欺负"，但如果在某种程度上只不过是在互相嬉耍，那就再观察一下吧。

如果孩子是在单方面地受欺负，并且这种情况还在一直持续的话，被欺负的孩子是很痛苦的，这时大人就有必要介入。

首先要想"被欺负的孩子本人是没有一点错的"。当自己的孩子被欺负的时候，有的父母常常会想"这是因为自己的孩子太自闭""太内向""性格太软弱"，认为是自己孩子的性格造成他被欺负的。

那么，这样性格的孩子就可以被欺负吗？一定不是这样的！去欺负别人的孩子是不好的，被欺负的孩子是没有错的。

如果认为被欺负的自己的孩子也有问题，父母就会对孩子说："都怪你太软弱了！""你就不会反击一下？"这样，孩子在外面受欺负，回到家又没有得到保护，还被批评，孩子的处境就太糟了。

有一个被欺负的孩子写了这样一首短诗："真痛苦！被欺负还要受批评！"（摘自雨后天晴通信 151 号"拯救失足少年的父母会"）

这样下来，孩子就不会和父母谈自己的事了。

所以，当孩子说："我被欺负了！"首先要告诉孩子"你一点错也没有，绝对是欺负你的人不好，那个人太不可理解了！"这是很重要的。

被欺负的孩子一般是心地善良、体贴别人的孩子。他不会对别人发脾气，而是自己忍耐。这样的孩子其实是很坚强的，并不是软弱、性格不好的孩子。

接下来，为了阻止恶作剧的行为，父母可以建议孩子："下次谁打了你，就去告诉幼儿园的老师。"有的孩子会担心，告诉了老师，情况会不会越来越糟？但其实从幼儿园到小学中年级，因为孩子把被欺负的事情告诉老师而解决问题的例子有很多。

有时，父母不是通过自己的孩子，而是从其他小朋友的父母那里才知道自己的孩子被欺负。然后去问孩子，但是孩

子还是不告诉我们。这时孩子可能是认为自己被欺负太没有面子，不愿意承认，而在内心里希望这只不过是在和朋友玩耍而已，也可能是因为担心告诉父母，情况会愈演愈烈。在这种情况下，不要责备孩子没有说出来，而是要不停地告诉孩子："在幼儿园遇到不开心的事一定要告诉妈妈，不会因为说出来而被欺负得更厉害的。"然后对孩子的情况观察一段时间。

对于小孩子周围发生的事，其实我们不需要孩子说出来，只需看他的表情就可以知道了。如果孩子不想去幼儿园，回家时又很不开心，诸如此类的情况持续一段时间的话，就应该去问问幼儿园的老师。

161

○ 告诉孩子，欺负人绝对是不好的行为

162

是不是应该更严厉地
对待很粗野的孩子

Q 邻居家有一个很粗野的男孩子（3岁），有的孩子还被他咬过。大家都说："他的父母太宠爱孩子，所以才这样，大家一起对这个孩子严厉一点吧。"对于这样的孩子应该怎样去接触呢？

A 邻居家如果有粗野的孩子，家长们自然都会担心自己的孩子会不会受到伤害？也许自己的孩子已经被欺负过了？

对于这样的孩子，大家一般都认为："就是父母太宠爱他才会这样，要更严厉一点！"其实，事实上往往并非如此。

那么为什么会这样呢？首先是由于孩子天生的性格所致。孩子有温和的，也有调皮的。有时孩子并没有恶意，只是不会掌握分寸，才不知不觉地失去控制。对于3岁的孩子来说，这种情况是常有的。

另外一种情况，是由于孩子有精神上的压力，从而表现在行为上。比如在以前上的幼儿园受到了过于严格的管教，一直忍耐到现在才表现出

来；或者父母由于忙着照顾弟弟妹妹，而忽略了这个孩子。

但也可能是那个孩子接受了比较严厉的，包括体罚在内的教育等等。也有人说孩子粗暴的举动其实是基于悲伤的感情。至少在多数情况中，孩子都不是因为父母太宠爱而变得粗野的。

如果周围的大人都以为是孩子被过度宠爱的原因，而大家一起去向这个孩子的父母投诉，那么父母会加倍地批评孩子。孩子的压力加大，有时会致使粗暴的行为更加恶化，这样反而会产生相反的效果。

那么应该怎么办呢？要想让孩子控制粗暴的行为，最重要的是让他学会用语言来表达。这对自己的孩子及别人的孩子同样适用。

首先，问孩子："怎么了？""是遇到讨厌的事，让你生气的事了吗？"如果孩子说："是因为……"就回答："是吗？原来是这件事让你不开心！"向孩子表示理解他的心情。如果孩子没有说出理由，就对他说："虽然不知道是为什么，总之你刚才是生气了哦。"然后再告诉孩子："以后遇到生气的事，说出来就好了。'讨厌！''好气人！'之类的都可以。不要突然打人、咬人了哦。要是你被人打，被人咬，也是很不开心的吧。"

总结一下就是

①听孩子的心声；

②与孩子的心情产生共鸣；

③制止行动。

如果可能的话，和对方的父母进行交谈是最好的。但一般情况下，这种孩子的父母应该已经有很多人来找过，也听够了大家的投诉。所以在谈话时，首先要肯定他们也为自己的孩子感到担心，表示知道他们已告诫过孩子，体谅他们的心情。

孩子开始撒谎

Q 最近，孩子学会了撒谎。常言说："撒谎是偷窃的开始。"我很担心我们家的孩子是否变坏了。

A 虽然说"撒谎是偷窃的开始"，但并不是所有的撒谎都是不好的。有时撒谎也是必要的。相反的，如果人的社会里完全没有了谎言，就会变得很难生存吧。

只有大一点的人才会撒谎，我们没有听说过狗或猫撒谎，婴儿也不会撒谎。所以孩子会撒谎了，也可以说是智能发展了的标志。所以与其说"撒谎是偷窃的开始"，我倒觉得不如说"撒谎是做人的开始"。

不过，有的撒谎会让人担心，有的撒谎却不必在意。现在来谈谈这几点。

在这之前我们有一个重要的问题，就是弄清"这是否是真正的谎言"。

大人常常在自己不能相信的情况下，不经确认就下结论说："一定是谎言！""又在撒谎！"

我知道有很多孩子，明明说的是真话，但却被误会为撒谎而受到伤害。所以从此以后他们就会认为，不管说什么大人都是不会相信的。

"真的是在撒谎吗？"即使自己很难相信，也要先听听孩子的话，如果自己仍然难以置信，那就表现出自己会努力寻找证据去证实的态度来。

那么，如果确实是撒谎的话，孩子会说出什么种类的谎话呢？

小孩子还不能区分空想和现实。比如孩子会说"昨天去了迪士尼乐园哦"，像这样把自己的愿望像真的一样讲出来。这样的谎话，如果是小孩子讲的就不用担心，也没有必要发火生气。只需对他说："是吗？"听完就完，不要在意。

把自己的空想说成事实，
这种情况不需要生气

②为了不被批评而撒谎

做了坏事却撒谎说没做。

这样的事在大人身上也会发生，对这种撒谎确实需要好好告诫。但是，如果这种情况频繁出现的话，其背后一般都有"曾遭到严厉批评"这一潜在原因。在这种情况下，越批评就会越糟。孩子做了坏事撒谎，被批评，就会更加想做坏事，然后又想隐藏，再撒谎，再被批评，从而造成恶性循环。

事实上，这种孩子之所以想做坏事，是因为被批评太多而造成了压力。

这种压力会表现成欺负朋友、拿朋友的游戏机、偷父母的钱这些行为。这种事一般马上就会被发现，然后又被父母严厉地批评。这样孩子的压力会更大，心情烦闷，从而再做坏事，结果又被发现而再受批评。

这就是让人担心的撒谎，父母应该好好地检讨自己对待孩子的方法。

首先，这样的孩子做了坏事时不要马上批评他，要先让他可以坦白讲出自己所做的事。

孩子也许很难说出真话，我们要有耐心，不断地重复告诉他"希望你讲真话"。当孩子讲出来的时候，就鼓励他说："真了不起，讲了真话！"孩子讲真话以后，才可以像对待一般的孩子一样，轻微地批评他。

撒谎意味着不能面对自己的错误。不能面对自己的错误不是因为自尊心强，而是因为自我肯定感很弱。自我肯定感强的人是可以承认自己的错误的。不肯承认错误是因为没有自信，他觉得如果承认自己的错误，自己的存在价值就会等于零。所以对这种孩子穷追猛打，反而只会起到相反的作用。

要告诉孩子不行的事就是不行，但同时要肯定孩子的努力，表扬他的好的方面，培养孩子的自我肯定感。这是绝对必要的。

有人说："虽然孩子常常说假话，但是忍不住说假话的心情却是真实的。"

在告诉孩子"不能撒谎"的同时，重点是要知道孩子为什么撒谎，从而掌握孩子撒谎的背景。

173

一点小事就马上哭

Q 孩子因为一点小事就马上哭。我一说"别为了这么一点小事就哭！"他反而哭得更厉害。安慰他又怕会宠坏了他，因此很烦恼。而且越是希望他"变成更坚强的孩子"，听到他的哭声时就越心烦。

A 孩子总是要哭的，但是如果孩子经常哭，妈妈会很辛苦。

就像妈妈们所知道的一样，孩子还不会用语言表达自己的感情时，只有通过哭来表达。特别在婴儿时期，哭是唯一的表达方法。

我认为孩子能用"哭"的方式把自己的感情表达出来，其实是非常好的事。最让人担心的是孩子甚至无法用"哭"的方式来表达自己的感情，而压抑自己。

所以对于所谓的"哭鼻子虫"，在其心灵的发育上是不用太担心的。这样的孩子可能比别人有更丰富的情感，更敏感，更温柔。有不少长大后在工作上取得辉煌成绩的人小时候比别的孩子更爱哭，这样的事情也屡见不鲜。

孩子动不动就哭，并不是妈妈的教养方式有问题，也不是孩子有问题。

那么怎样来对待这样的孩子呢？首先，正在哭的孩子心里一定有什么不开心的事，如果大人生气而骂他，他只会哭得更厉害，更加陷入恶性循环。此时重要的是用语言表达对孩子的理解。比如说"宝宝不开心哦""原来想这样啊"，把孩子的心情用语言表达出来，然后拥抱孩子。

这样孩子会想"父母明白我的心情"，会对周围的人产生信赖感。同时，因为孩子感到自己受到重视，所以会认为"自己是重要的人"，从而培养起自我肯定感。有了这个基础，孩子才可以变得坚强。这样的事做得再多，也绝不是在"娇惯孩子"。

最让人担心的是批评孩子"不准哭！"禁止孩子的感情表现，压抑孩子。当然孩子的哭声很让人心烦，所以家长会情不自禁地喊"不准哭"！如果一直这样下去，孩子会以为表达自己的感情是不可以的。这样的话，表面上孩子虽然变得很乖，但是各种感情却都压抑在心里。将来，到了青春期或者青年期才爆发出来的话，有时情况会变得更加糟糕。

还有一个让人担心的情况是，因为孩子哭，大人感到很困扰，所以孩子一哭，就马上满足孩子的要求。如果孩子是因为身体不舒服，而在说"抱抱我"，马上满足孩子的要求是没有问题的。但如果是因为孩子有物质上的要求，而父母又马上买给孩子的话，就是"溺爱"，这非常不好。

如果没有上述这两种极端的情况，孩子动不动就哭这件事，一般来说是不用担心的。

可能还有人说："听到孩子的哭声就很难受。"这可能是因为妈妈自己很累，或者因为妈妈也一直在压抑着自己想哭的心情，忍耐着走过来的。比如说妈妈小的时候，弟弟妹妹都爱哭，妈妈想"我是姐姐，所以不能哭"而独自忍耐着。但是她的妈妈却没有察觉到孩子的这种心情，总是去照顾哭着的弟弟妹妹……如果妈妈小的时候有这种经历，那么也可能与此有关。

无论是对孩子还是大人，哭都绝不是坏事。想哭的时候就干脆放声大哭。这时如果别人接受容纳了自己，我们就会因此得到安慰，从而更加振奋，努力地生活下去。

177

○ 认为这个孩子比别人感情更加丰富，和他产生共鸣

后 记

从否定的恶性循环，
走向肯定的接力传递

　　这本书写了有关表扬孩子、批评孩子的方法。不过当然不是说一定要把书中所写的全部做到，才能教养好孩子。

　　另外，在书中的插图里用了 4 格漫画来解释事例，而现实中的多数场景可能并不会像漫画一样简单。每一个家庭都有自己的教养方针，父母一边为育儿烦恼，一边教养孩子的过程本身就是在培养孩子的自我肯定感。我希望在父母的日常生活里，这本书能对大家有所裨益。

　　常常有人这样感叹："现在的父母啊……""最近这些做母亲的啊……"确实，父母也是人，不可能完美，也会有很多失败。但即使这样，他们也把孩子培养成人了。说不定一位母亲育儿的环境很不好，很辛苦，比如丈夫一直不在家，又没有娘家帮忙，经济上不宽裕，24 小时要面对孩子，没有

179

任何人可以依靠，独自一人在教养孩子。在这样的情况下，她首先需要的是理解和鼓励的话语。

　　"你好努力哦！"

　　"这么辛苦，一个人扛过来了！"

　　"正因为你的付出，才教养出这么好的孩子！"

　　"没关系的！"

等等。

　　教养一个人是一件非常有价值的工作，应该更多地得到社会的承认，父母也应该为自己而感到骄傲！

　　如果遇到困难时，应该请求帮助。不仅是向自己的配偶、娘家的父母，也可以求救于咨询机构、NPO、家庭支援机构、托儿所等当地的各种机构。

　　找到一个认同自己、理解自己的人是最重要的。

　　从否定的恶性循环，走向肯定的接力传递。

　　以教养孩子为开端，如果人们能因此而逐渐有所改变，那么我们这个社会将变得更加和谐、美好！

上市两月，销量突破 40 万！
本书解答了上万位妈妈的疑问。
在释疑解问的同时，让您忘却
育儿的辛劳，享受快乐的育儿
时光。

有妈妈说："太让人感动了。我
读着读着，就禁不住去亲吻我
的孩子。"

你是否有过以下的疑问——

"怎样才能让我的孩子更自信呢？"

"孩子不做作业，光是玩，怎么办？"

"不给孩子挫折教育，孩子会不会成为一个禁不起打击
的弱者？"

"孩子特别固执，不肯认错，怎么办？"

....

明桥大二先生在日本和中国演讲时，出现频率最高的是
上述这些问题。本书选取妈妈们提问最多、关心最大的 20 个
问题，运用漫画模拟生活场景，教给你一个最贴心、最有效
的答案。

中国大陆独家引进
日本长销十年经典著作
畅销日本、美国、中国台湾
销售量突破 70 万

从 11 岁到 103 岁
无数人因为它重新唤起了
生存的力量与希望

挽回最多生命的一本书

"人生到底有没有目的？"

"人活着的意义是什么？"

两千五百多年前，释迦牟尼佛也是怀着同样的疑问，开始探究人苦恼的根源及获得幸福的真实之路。人生究竟有没有永远不会背叛自己、值得一生追求而无怨无悔的幸福呢？

本书透过释迦牟尼佛的智慧之语，日本佛教大师、净土真宗创办人亲鸾圣人的语录，以及无数文学家、思想家对生命的解读，回答这些让我们困惑不已的人生命题——

"在不自由的世界中得以尽享自由，这一'无碍之一道'才是所有人追求不已的终极目的。"为此，无论遭遇多大的痛苦，我们都要顽强地活下去，直至达成这个目的。